Gleichheitssatz und Geschlechterquote

Gleichheitssatz und Geschlechterquote

Rechtliche Betrachtung der

Vereinbarkeit starrer Quotenregelungen
mit dem Gleichheitssatz

am Beispiel der aktuellen Gesetzesvorhaben des Bundes

von

Lukas Maximilian Sanders

BoD – Books on Demand, Norderstedt, 2015

Bibliographische Information der Deutschen Nationalbibliothek:
Die Deutsche Nationalbibliothek verzeichnet diese Publikation in
der Deutschen Nationalbibliographie; detaillierte Informationen
sind im Internet über http://dnb.dnb.de/ abrufbar.

Herstellung und Verlag: BoD – Books on Demand, Norderstedt

ISBN: 978-3-7386-1043-7

Inhaltsverzeichnis

Abkürzungsverzeichnis

AG	Aktiengesellschaft
BT-Drs.	Bundestags-Drucksache
DAV	Deutscher Anwaltverein
DAV-SN	Stellungnahme des Deutschen Anwaltvereins
DAX	Deutscher Aktienindex
eG	Eingetragene Genossenschaft
GbR	Gesellschaft bürgerlichen Rechts
GmbH	Gesellschaft mit beschränkter Haftung
KGaA	Kommanditgesellschaft auf Aktien
NKR	Nationaler Normenkontrollrat
SCE	Societas Europaea (Europäische Gesellschaft) siehe SE
SE	Societas Europaea (Europäische Gesellschaft), siehe SCE
VVaG	Versicherungsverein auf Gegenseitigkeit

Literaturverzeichnis

Bürgel (2012): Frauenanteil in Führungspositionen in Deutschland nach Unternehmensgröße im Jahr 2012 (Stand: 30. November). Hg. v. Statista GmbH. Statista GmbH. Hamburg. Online verfügbar unter http://de.statista.com/statistik/daten/studie/182510/umfrage/frauenanteil-in-fuehrungspositionen-nach-unternehmensgroesse/, zuletzt geprüft am 25.02.2015.

Clutterbuck, David; Ragins, Belle Rose (2002): Mentoring and diversity. An international perspective. Oxford: Butterworth-Heinemann.

Deutscher Anwaltverein (2014): Stellungnahme des Deutschen Anwaltvereins durch den Arbeitsrechtsausschuss, den Genderausschuss, den Handelsrechtsausschuss und den Verwaltungsrechtsausschuss zum Referentenentwurf eines Gesetzes für die Gleichberechtigte Teilhabe von Frauen und Männern an Führungspositionen in der Privatwirtschaft und im öffentlichen Dienst (Stand: 09.09.2014, 15:03 Uhr). Stellungnahme Nr. 52/2014. Unter Mitarbeit von Heinz Josef Willemsen, Jobst-Hubertus Bauer, Roland Gross, Hans-Georg Meier, Nathalie Oberthür, Barbara Reinhard et al. Hg. v. Deutscher Anwaltverein. Berlin.

Harenberg, Bodo (Hrsg.) (1994): Harenberg-Kompaktlexikon. 2. Aufl. 5 Bände. Dortmund: Harenberg-Lexikon-Verlag (4, Mel-San).

Holst, Elke; Kirsch, Anja (2015): Weiterhin kaum Frauen in den Vorständen großer Unternehmen - auch Aufsichtsräte bleiben Männerdomänen. Managerinnen-Barometer 2015. In: *DIW Wochenbericht* 82 (4), S. 46–60. Online verfügbar unter http://www.diw.de/documents/publikationen/73/diw_01.c.495356.de/15-4-1.pdf, zuletzt geprüft am 25.02.2015.

Papier, Hans-Jürgen; Heidebach, Martin (2015): Mehr Frauen in Führungspositionen des öffentlichen Dienstes durch Fördermaßnahmen. Verfassungs- und europarechtliche Bewertung. In: *Deutsches Verwaltungsblatt (DVBl)* 130 (3), S. 125–196.

Schmidt-Bleibtreu, Bruno et al. (Hrsg.) (2014): Kommentar zum Grundgesetz. 13. Aufl. Begründet von Hans Bernhard Brockmeyer, Hans Hofmann und Bruno Schmidt-Bleibtreu. Köln: Carl Heymanns.

Schrapper, Ludger; Günther, Jörg-Michael (2013): Kommentar zum Landesbeamtengesetz Nordrhein-Westfalen (LBG NRW). 1. Aufl. Begründet von Ludger Schrapper und Jörg-Michael Günther. Baden-Baden: Nomos (Landesrecht Nordrhein-Westfalen).

Stockdale, Margaret S.; Crosby, Faye J. (2004): The psychology and management of workplace diversity. Malden, MA: Blackwell Pub.

Vorwort und Danksagung

Der Prozess der Gleichstellung von Frau und Mann ist in den letzten Jahrzehnten weit vorangegangen, wenn auch längst nicht in allen Lebensbereichen beide Geschlechter gleiche Chancen und eine gleiche Behandlung genießen dürfen. Jeder Schritt des Gesetzgebers, die Gleichstellung im Sinne der verfassungsmäßigen Ordnung zu fördern, sollte daher grundsätzlich volle Anerkennung genießen – wenn er denn tatsächlich geeignet ist, Missstände adäquat zu beseitigen und selbstverständlich auch im Einklang mit dem Grundgesetz steht.

Kurz nach Abschluss dieser Arbeit wurde der *Entwurf eines Gesetzes für die gleichberechtigte Teilhabe von Frauen und Männern an Führungspositionen in der Privatwirtschaft und im öffentlichen Dienst* im Bundestag mit großer Mehrheit beschlossen – von vielen wurde dieser Schritt gelobt, andere kritisierten die mangelnde Wirksamkeit und sahen das Gesetzesvorhaben als Alibi an.

Es bleibt abzuwarten, wie sich das Gesetz auswirken wird und ob es sich in der juristischen Praxis behaupten kann. Ob die Gerichte der Argumentation des Gesetzgebers folgen oder ob sie ebenfalls die starre, nicht leistungsbezogene Quote für unvereinbar mit Gleichheitssatz und Fördergebot halten, wird die Zukunft zeigen. Weiterhin gilt aber, dass diesem Vorhaben Maßnahmen folgen müssen, um die Gleichbehandlung von Frau und Mann in allen Bereichen der Gesellschaft wirksam zu fördern.

Einen besonderen Dank möchte ich an dieser Stelle Herrn Regierungsdirektor Schulte für die fachliche Betreuung und Korrektur dieser Arbeit aussprechen.

Weiterhin möchte ich Herrn Studienassessor J. Sanders herzlich danken, der das Lektorat dieser Arbeit übernommen hat.

Dortmund, im Juni 2015   Lukas Maximilian Sanders

A. Einleitung

Im Zuge der Bemühungen zur Beseitigung geschlechterspe-
zifischer Diskriminierungen haben sich, in Deutschland wie
in anderen Ländern, im beruflichen Lebensbereich diverse
Modelle etabliert, die Ungleichbehandlungen beseitigen und
vorbeugen sollen. Insbesondere im öffentlichen Dienst wurden – vornehmlich auf Länderebene – gesetzliche Vorgaben
geschaffen, doch auch die freie Wirtschaft ist durch arbeits-
rechtliche Vorschriften, insbesondere das Allgemeine Gleich-
behandlungsgesetz, zur Beseitigung von Ungleichbehandlungen im Arbeitsalltag verpflichtet. Nicht zuletzt verstehen es
viele Unternehmen, auch zur Inszenierung eines modernen
und offenen Selbstbildnisses und damit verbundenen unter-
nehmerischen Interessen, als wichtige Aufgabe, die Gleichbehandlung als Unternehmensziel zu verfolgen. Viele Unternehmen gehen noch weiter und etablieren inzwischen ein Diversity Management [1], um Ungleichbehandlungen auf ver-
schiedensten Ebenen nicht nur verhindernd entgegenzuwir-
ken, sondern Unterschiede für sich nutzbar zu machen.

---

[1] Vielfaltsmanagement, Methode der Personalverwaltung; Ziele
sind die Beseitigung von Ungleichbehandlungen und die konstruk-
tive Nutzung verhaltens- und personenbezogener Unterschiede;
Clutterbuck 2002, S.55; Stockdale/Crosby 2004, S.12

Seit einigen Jahren ist auch die Einführung einer Frauenquote für Aufsichtsräte größerer Unternehmen in der politischen Diskussion. Diese Erwägung ist wohl hauptsächlich darauf zurückzuführen, dass auch heute noch, besonders in großen Unternehmen, Frauen in Führungspositionen deutlich unterrepräsentiert sind. Der Anteil von Frauen liegt bei den größten Unternehmen sogar unter 10 Prozent[2].

Die Bundesregierung hat am 21. Dezember 2014 einen Gesetzesentwurf beschlossen und dem Bundestag vorgelegt, welcher neben der Einführung weiterer bundesrechtlicher Regelungen für den öffentlichen Dienst eine solche Quote anstrebt. Dies soll durch Änderungen personalrechtlicher, sozialrechtlicher und gesellschaftsrechtlicher Vorschriften geschehen; ebenfalls ist die Etablierung eines Evaluations- und Berichtswesens geplant[3]. Der Gesetzesentwurf war bereits Gegenstand einer Plenarsitzung[4].

Gegenstand des Gesetzesentwurfs ist zum einen die Einführung einer starren Quotenregelung für Aufsichtsräte der größeren börsennotierten Publikumsgesellschaften und zum anderen eine Pflicht zur Bestimmung von Zielvorgaben für die

---

[2] Bürgel 2012
[3] BT-Drs.. 18/3784
[4] Plenarprotokoll 18/83, S. 7914 ff.

oberen Managementebenen der Kapitalgesellschaften deutscher Rechtsformen, aber auch für Vereinigungen der Rechtsformen der eG, der SE oder des VVaG.

Zunächst treten hier zwei zentrale Fragestellungen hervor: Inwiefern ist eine Regelung, die nur bestimmte börsennotierte Unternehmen betrifft, mit dem Gleichheitssatz vereinbar und wird ein Kandidat[5] für ein Gesellschaftsorgan widerrechtlich diskriminiert, wenn aufgrund der Geschlechterquote der Einzug in das Organ nicht möglich ist?

Es werden teilweise auch Unvereinbarkeiten mit anderen Grundrechten kritisiert. So könne die Vereinigungsfreiheit (Art. 9 Abs. 1 Grundgesetz[6]) betroffen sein, wenn die Gesellschaften als solche im Sinne des Artikels 9 gelten würden[7]. Weiterhin sei ein Eingriff in die Freiheit der Berufsausübung der Gesellschaften (Art. 12 Abs. 1 GG)[8] und den Schutz des Eigentums in Form des Anteilseigentums der Anleger und Ge-

---

[5]Aus Rücksicht auf Lesbarkeit und Verständlichkeit wird auf die gleichzeitige Verwendung männlicher und weiblicher Sprachformen verzichtet.
[6] Grundgesetz für die Bundesrepublik Deutschland (Grundgesetz – GG) in der im Bundesgesetzblatt Teil III, Gliederungsnummer 100-1, veröffentlichten bereinigten Fassung, zul. geänd. d. Art. 1 d. G.vom 23.12.2014 (BGBl. I S. 2438)
[7] Stellungnahme Deutscher Anwaltverein (DAV-SN) 52-2014, S. 29
[8] a.a.O., S. 30f

sellschafter (Art. 14 Abs. 1,2 GG) gegeben, da diese ihre Interessenvertretung nicht mehr frei wählen dürften[9]. Diese Ansätze sind jedoch in Anbetracht vergleichbarer Gerichtsentscheidungen[10] zu vernachlässigen, auch handelt es sich hier um sehr spezielle Problemfelder, handelt es sich doch lediglich um ein einzelnes Organ einer Gesellschaft und nicht um einen zentralen Bestandteil mit Auswirkung auf den Produktionsablauf oder das Funktionieren und Bestehen der Gesellschaft als solche. Letztlich messen Bundesregierung und Normenkontrollrat einen vergleichbar geringen finanziellen Erfüllungsaufwand für die Wirtschaft zu[11].

Hauptsächlich ist daher die Frage, ob ein Verstoß gegen die Gleichheitssätze des Artikels 3 Grundgesetz in den vorgesehenen Regelungen gegeben ist. Dieser Fragestellung soll sich die nachfolgende Arbeit widmen und, auch mithilfe eines Seitenblicks auf die bestehenden und bereits in hohem Maße gerichtserprobten Regelungen für den öffentlichen Dienst, die Vereinbarkeit von Quotenregelungen mit dem Gleichheitssatz beleuchten. Gleichzeitig soll versucht werden, Voraussetzungen für die genannte Vereinbarkeit am Beispiel zu finden

---

9 a.a.O., S. 31f
10 a.a.O., S. 30f m.w.N.
11 BT-Drs. 18/3784 (2015), S. 3ff, 149ff

und gleichzeitig einen Umriss zu zeichnen, welche verfassungsrechtlichen Probleme bei der Einführung von Quotenregelungen auftreten können.

B. Gesetzesentwürfe für die Privatwirtschaft

Bei genauem Studium des Entwurfs wird man schnell feststellen, dass der Begriff „Frauenquote" dem Vorhaben und dessen Zielen nicht gerecht wird. Auch die Vorstellungen und Befürchtungen, die man mit dem Begriff „Frauenquote" konnotiert und durch ihn impliziert sehen mag, stellen sich schnell als unbegründet dar. Passender ist hier der Begriff „Geschlechterquote", wie ihn die Bundesregierung auch selbst für ihr Vorhaben gewählt hat. Weiterhin ist das Gesetzesvorhaben deutlich differenzierter als der Begriff der Frauenquote impliziert.

Im Bereich des Gesellschaftsrechts enthält der Gesetzesentwurf zwei grundlegende Modelle; auf der einen Seite wird für einige börsennotierte Unternehmen eine feste Geschlechterquote avisiert, andererseits soll für sonstige Gesellschaften, für welche eine Arbeitnehmerbeteiligung im Aufsichtsrat vorgeschrieben ist, lediglich die Pflicht zur Vorgabe einer Zielgröße für Aufsichtsräte, Vorstände und oberste Managementebenen bestehen. Alle Maßnahmen haben jedoch zum Ziel, den Anteil weiblicher Führungskräfte in großen Gesellschaften zu vergrößern[12].

---

[12] BT-Drs. 18/3784, S. 43, 45 ff, 49

I. Feste Geschlechterquote

Erstere Vorgabe betrifft solche börsennotierte Unternehmen, in denen die Mitbestimmung der Arbeitnehmer im Aufsichtsrat gegeben ist; hauptsächlich größere Gesellschaften in der Rechtsform der AG oder KGaA sowie unter bestimmten Voraussetzungen in der Rechtsform der SE[13]. Der Nationale Normenkontrollrat sieht in seiner Stellungnahme ca. 100 Gesellschaften betroffen[14].

Vorgesehen ist eine feststehende Mindestquote von 30 % für Frauen und Männer für den Aufsichtsrat der jeweils betroffenen Gesellschaften (Mindestanteilsgebot). Generell ist diese Quote vom gesamten Aufsichtsrat zu erfüllen, also unter Berücksichtigung der gesamten Mitgliederzahl. So könnte allerdings ein Geschlecht in der Gruppe der Anteilseigner oder der Arbeitnehmer unterrepräsentiert sein, da nur die Gleichverteilung im gesamten Aufsichtsrat festgelegt würde. Die Gruppe der Anteilseigner (Anteilseignerbank) und die Gruppe der Arbeitnehmer (Arbeitnehmerbank) können jedoch dieser gemeinsamen Bemessung widersprechen, sodass jede Bank *in sich* die Quote zu erfüllen hat. Beide Repräsentantengruppen müssten so für sich das Mindestanteilsgebot erfüllen[15].

---

[13] a.a.O., S. 147
[14] NKR in BT-Drs. 18/3784, S. 43
[15] a.a.O., S. 46 ff

Unabhängig von der Bemessungsgrundlage werden für die Wahlen der Banken unterschiedliche Verfahren angewendet.

Auf der Anteilseignerbank wäre eine Wahl oder eine Entsendung kraft Gesetzes und ex tunc nichtig, wenn hierdurch das Mindestanteilsgebot verletzt wird; die für das jeweils unterrepräsentierte Geschlecht vorgesehenen Plätze blieben dann frei (das sog. Instrument des „leeren Stuhls")[16]. In diesem Fall kann die Nachbesetzung oder das Nachrücken als *vereinfachtes Verfahren* anstelle einer Neu- oder Nachwahl fungieren[17].

Auf der Arbeitnehmerbank ist die Regelung ähnlich; sie unterscheidet sich allerdings nur im Verfahren und nicht im Ergebnis. Auch hier ist die Mindestquote von 30 % für beide Geschlechter verbindlich. Auch hier gibt es das Instrument des „leeren Stuhls", wobei eine Nachwahl vorgesehen ist[18].

Die hierfür notwendigen Regelungen sollen nicht in einem gesonderten Gesetz zusammengefasst, sondern durch Einbindung in bestehende Gesetze des Rechts der Aktiengesellschaften und der Arbeitnehmermitbestimmung eingeführt werden. Hier lassen sich en détail Abweichungen feststellen,

---

[16] BT-Drs. 18/3784, S. 47
[17] a.a.O., S. 128, auch S. 30 f
[18] a.a.O., S. 48

18

welche durch den Anwendungsbereich der einzelnen Gesetze bedingt sind[19].

Sanktionen oder Druckmittel sind darüber hinaus nicht enthalten, Belohnungen sind ebenfalls nicht vorgesehen. Das Instrument des „leeren Stuhls" sei Druckmittel genug, da ein leerer Sitz im Aufsichtsrat generell unvorteilhaft sei[20].

Die Umsetzung der Geschlechterquote soll sukzessive erfolgen, sie gilt jedoch ab dem 01. Januar 2016 verbindlich. Bis dahin sollen die Gesellschaften nach und nach bei Aufsichtsratswahlen auf die Geschlechterquote hinwirken[21].

II. Pflicht zur Zielvorgabe

Die zweite Vorgabe wird eine deutlich höhere Zahl von Unternehmen, ca. 3.500, treffen[22]. Für Aufsichtsräte, Vorstände und oberste Managementebenen sollen unter anderem Unternehmen bestimmter Rechtsformen, aber auch eingetragene Genossenschaften und Versicherungsvereine auf Gegenseitigkeit[23] Zielvorgaben für den Anteil an Frauen [!] und

---

[19] Auf genannte Details soll hier nicht weiter eingegangen werden, da diese für die Fragestellung dieser Arbeit keine Relevanz haben.
[20] a.a.O., S. 47
[21] a.a.O., S. 47
[22] a.a.O., S. 148
[23] Zur Vereinfachung werden im weiteren Verlauf für alle Rechtsformen die Begriffe *Gesellschaft* bzw. *Unternehmen* verwendet.

eine Frist für deren Erreichung festlegen. Mindestquoten sind nicht vorgesehen; es ist lediglich geregelt, dass die festgesetzte Quote den derzeitigen Anteil von Frauen in der jeweiligen Gesellschaft nicht unterschreiten darf[24]. Es handelt sich hier also nicht um eine direkte, starre Quotenvorgabe, sondern lediglich um eine Regelung, die den betroffenen Gesellschaften einen deutlichen Ausgestaltungsspielraum einräumt. Überprüfbar soll die Einhaltung beider Regelungen durch eine Berichtspflicht werden[25].

---

[24] BT-Drs. 18/3784., S. 148
[25] a.a.O., S. 49

C. Quotenregelungen im öffentlichen Dienst

Der öffentliche Dienst kennt Regelungen zur Vergrößerung des Frauenanteils schon lange; die verfolgten Ansätze haben hier allerdings einen anderen Charakter als die vorgesehenen Regelungen für die Privatwirtschaft.

Das Land Nordrhein-Westfalen hat beispielsweise in seinem Landesbeamtengesetz[26] ein Gebot der Frauenförderung verankert. So ist geregelt, dass bei Ernennungen und Beförderungen von Beamten Frauen „bei gleicher Eignung, Befähigung und fachlicher Leistung" zu bevorzugen sind, sofern „im Zuständigkeitsbereich der Ernennungsbehörde in der angestrebten Laufbahn weniger Frauen als Männer sind" (§§ 15 Abs. 3, 20 Abs. 6 LBG). Das Differenzierungskriterium Geschlecht ist zwar nach Paragraph 9 des Beamtenstatusgesetzes, auf welchen die Regelungen des Landesbeamtengesetzes hinsichtlich der Kriterien für eine Ernennung oder Beförderung direkt verweisen, grundsätzlich verboten. Laut Rechtsprechung ist dieses Frauenfördergebot aufgrund der Öff-

---

[26] Beamtengesetz für das Land NRW Landesbeamtengesetz – LBG NRW) v. 21.04.2009 (GV.NRW.S.224), zul. geänd. d. Art. 2 d. G. v. 09. Dezember 2014 (GV.NRW.S.874)

21

nungsklausel allerdings eher als Hilfskriterium bei der Bewerberauswahl einzustufen und somit mit dem Verbot des § 9 Beamtenstatusgesetz (BeamtStG) vereinbar[27].

Auch hier ist nicht direkt von einer Quote die Rede, vielmehr handelt es sich hier um eine verpflichtende Fördermaßnahme. Der Wortlaut lässt jedoch den Schluss zu, dass im Beamtentum eine Geschlechterquote von 50 % vorgesehen ist, da die Regelung implizit diesen Zustand zum Ziel hat. Wichtiger Unterschied ist hier, dass es sich nicht um eine bedingungslose Quote handelt, sondern die Qualifikation das entscheidende Kriterium für die Bewerberauswahl bleibt.

Es existieren zudem weitere Vorschriften für den öffentlichen Dienst, die sich allerdings größtenteils auf Bewerbungsverfahren und Benachteiligungen im Arbeitsalltag richten. Zudem enthält der vorliegende Gesetzesentwurf eine Änderung des Bundesgleichstellungsgesetzes, welche die weitest gehende Übernahme der Vorschriften des LBG NW – allerdings auch für Beschäftigte – vorsieht und eine entsprechende Übernahme der Quotenregelungen für die Privatwirtschaft für Gremien des Bundes. Auf diese soll hier allerdings mit Rücksicht auf den Umfang der Arbeit nicht weiter eingegangen werden.

---

[27] Schrapper/Günther 2013, Abschnitt 2 Rn. 5 m.w.N.

D. Vereinbarkeit mit dem Gleichheitssatz

Wie bereits in der Einleitung dieser Arbeit dargestellt, ist im Rahmen der Verfassungsmäßigkeit vor allem die Vereinbarkeit mit dem Gleichheitssatz von Bedeutung. Hier kommen mehrere Problemfelder in Betracht, die sich hauptsächlich nach Gruppen der Normadressaten unterteilen lassen. Betrachtet werden hier die zwei zentralen Problemfelder; die Ungleichbehandlung verschiedener Gesellschaften und die Ablehnung eines Aufsichtsratskandidaten, der durch die Geschlechterquote nicht in den Aufsichtsrat entsandt werden kann.

I. Ungleichbehandlung von Unternehmen

Ein Verstoß gegen den allgemeinen Gleichheitssatz liegt unter anderem dann vor, wenn wesentlich Gleiches willkürlich, das heißt ohne einen vernünftigen, sachlichen Grund, ungleich behandelt wird[28]. Eine solche Ungleichbehandlung könnte darin bestehen, dass die Geschlechterquote nur für bestimmte Gesellschaften gelten soll, während andere Gesellschaften lediglich Ziele vorgeben müssten.

---

[28] BVerfG, BVerfGE 4, 1 Rn 7

1. Anwendbarkeit des allgemeinen Gleichheitssatzes

Da sich die geplanten Regelungen für die Privatwirtschaft (siehe B.I. und B.II.) auf inländische Gesellschaften nach deutschem Recht und mit Sitz in Deutschland beschränken, also die Normadressaten inländische juristische Personen sind, kann Artikel 3 Grundgesetz durch die Regelung des Artikel 19 Absatz 3 Grundgesetz auch auf diese angewendet werden[29]. Problematisch könnten hier lediglich die Europäischen Gesellschaften (Societas Europaea) sein, da es sich hier um eine Rechtsform handelt, deren Grundlage eine europäische Richtlinie bietet. Allerdings wurde hier die europäische Richtlinie in nationales Recht umgewandelt[30], weiterhin sind nur die Europäischen Gesellschaften mit Sitz in Deutschland und im Anwendungsbereich des deutschen Rechts bzw. bestimmter Rechtsvorschriften betroffen[31].

Weitere Gründe, die an einer Anwendbarkeit des allgemeinen Gleichheitssatzes auf inländische juristische Personen beziehungsweise einzelne Normadressaten zweifeln lassen, sind nicht ersichtlich. Dass der Gleichheitssatz hier dem Wesen

---

[29] Kannegießer in Schmidt-Bleibtreu et al., Art. 3 Rn 12; Hofmann in Schmidt-Bleibtreu et al., Art. 19 Rn 19, 21, 24 im Umkehrschluss; a.a.O. Art. 3 Rn 12
[30] Gesetz zur Einführung der Europäischen Gesellschaft (SE-Einführungsgesetz – SEEG) i.d.F. vom 29.12.2004 (BGBl I S. 3675)
[31] BT-Drs. 18/3784, S. 47, 49

nach auf diese anwendbar ist, ist ebenfalls unstrittig. Die Gesellschaft bürgerlichen Rechts, bei welcher eine Eigenschaft als juristische Person mit eigener Rechtsfähigkeit fraglich und somit auch eine Grundrechtsträgerschaft jedenfalls zu problematisieren wäre[32], ist hier weiterhin nicht betroffen[33]. Es ist daher davon auszugehen, dass sich auch diese Gesellschaften auf den Gleichheitssatz berufen können.

2. Ungleichbehandlung bei gleichen Voraussetzungen

Nach Rechtsprechung des Bundesverfassungsgerichts liegt ein Verstoß gegen den allgemeinen Gleichheitssatz vor, „wenn [...] eine Gruppe von Normadressaten im Vergleich zu anderen Normadressaten anders behandelt [wird], obwohl zwischen beiden Gruppen keine Unterschiede von solcher Art und solchem Gewicht bestehen, dass sie die ungleiche Behandlung rechtfertigen könnten[34]." Es ist daher zunächst festzustellen, welche Gruppen von Normadressaten vorliegend abgrenzbar sind und inwiefern hier eine Ungleichbehandlung vorliegt.

---

[32] Hofmann in Schmidt-Bleibtreu et al., Art. 19 Rn 28; a.A.: Kannegießer in Schmidt-Bleibtreu et al., Art. 3 Rn 12
[33] vgl., S. 6 im Umkehrschluss; keine der genannten Vorschriften ist auf die GbR anwendbar
[34] BVerfG, BVerfGE 87, 1 Rn 124; 95, 143 Rn 44

Eine Differenzierung der Normadressaten lässt sich nicht direkt im Gesetzesentwurf erkennen, denn zur Definition, für welche die feste Quotenregelung gilt, wird auf andere Vorschriften verwiesen. Der Gesetzesentwurf spricht hier zunächst von *börsennotierten Unternehmen, die der Mitbestimmung unterliegen*[35].

Gemeint sind die börsennotierten Gesellschaften, für die das Mitbestimmungsgesetz, das Montan-Mitbestimmungsgesetz oder das Mitbestimmungsergänzungsgesetz[36] anwendbar ist.

Auch unter die Regelung fallen börsennotierte Gesellschaften in der Rechtsform der SE, die nach dem SEEG der Mitbestimmung unterliegen[37].

---

35 BT-Drs. 18/3784, S. 46
36 a.a.O. S. 29
37 BT-Drs. 18/3784, S. 47

26

Dies sind Unternehmen in der Rechtsform einer AG oder KGaA, mit mehr als 2.000 (§ 1 Abs. 1 MitbestG [38]) bzw. im Bereich der Montanindustrie[39] 1.000 (§ 1 Abs. 1, 2 MontanMitbestG[40]) ständigen Arbeitnehmern sowie einige vergleichbare Unternehmen in der Rechtsform der SE[41].

Mit Blick auf letztgenannte Auffälligkeit lassen sich hier drei Gruppen herausstellen. Die erste Gruppe bilden die börsennotierten Unternehmen, die der Mitbestimmung unterliegen (nachfolgend Gruppe 1), dies ist auch die einzige Gruppe, für die eine feste Geschlechterquote gilt. Die zweite Gruppe bilden die sonstigen Gesellschaften, die zwar nicht börsennotiert sind, aber ebenfalls der Mitbestimmung unterliegen (nachfolgend Gruppe 2) und die dritte die übrigen Gesellschaften, die weder börsennotiert sind, noch der Mitbestimmung unterliegen (nachfolgend Gruppe 3).

---

[38] Gesetz über die Mitbestimmung der Arbeiter (Mitbestimmungsgesetz – MitbestG) v. 04.05.1976 (BGBl I S. 1153), zul. geänd. d. Art. 2 Abs. 113 d. G. v. 22.12.2011 (BGBl I S. 3044)
[39] Auf dem Bergbau aufbauende Kohlen-, Hütten-, und Stahlindustrie, auch Kohlenchemie; Harenberg (Hrsg.) 1994, S. 2045
[40] Gesetz über die Mitbestimmung der Arbeitnehmer in den Aufsichtsräten und Vorständen der Unternehmen des Bergbaus und der Eisen und Stahl erzeugenden Industrie (Montanmitbestimmungsgesetz – MontanMitbestG) v. 21.05.1951, zul. geänd. d. Art. 220 V. v. 31.10.2006
[41] Weitere Ausnahmen u. Detailregelungen siehe BT-DRS. 18/3784 S. 29, 46ff

Die Gruppen 1 und 3 unterscheiden die Börsennotierung und die Mitbestimmungspflicht; aus letzterem lässt sich jedoch der Unterschied der Unternehmensgröße ableiten. Da die Mitbestimmung erst ab einer Zahl von 2.000 (Montanindustrie: 1.000) Arbeitnehmern und bei den Rechtsformen der AG, KGaA, GmbH und eG besteht (siehe unter D.I.2.), dürften in die Gruppe 3 vor allem kleinere Unternehmen fallen.

Anders verhält es sich zwischen den Gruppen 1 und 2. Hier ist letztlich nur die Börsennotierung das einzige Merkmal, das die Unternehmen beider Gruppen unterscheidet, schließlich unterliegen Gesellschaften beider Gruppen der Mitbestimmung und haben folglich auch einen Arbeitnehmerstamm von über 2.000 (Montanindustrie: 1.000) Personen, können also grundsätzlich die gleiche Gesellschaftsgröße haben. Es unterscheidet sie nicht einmal die Rechtsform, da auch eine AG oder KGaA nicht zwingend börsennotiert sein muss (siehe D.I.2.).

Eine wesentliche Gleichheit liegt daher bei Gesellschaften der Gruppen 1 und 2 vor, da Rechtsform, Organisation und Größe bei Gesellschaften beider Gruppen gleich sein können. Zwischen den Gruppen 1 und 3 läge eine wesentliche Gleichheit jedenfalls in Einzelfällen vor, da die Arbeitnehmerzahl ein Kriterium mit fester Grenze darstellt; zwei Gesellschaften mit einer Arbeitnehmerzahl im Grenzbereich müssten in der Regel wesentlich gleich sein.

Schließlich zeigt sich, dass hier eine Ungleichbehandlung bei wesentlicher Gleichheit vorliegt. Börsennotierte Gesellschaften, die der Mitbestimmung unterliegen, sollen sich nach dem Gesetzesentwurf zukünftig an die starre Geschlechterquote für Aufsichtsräte halten müssen, während andere Gesellschaften mit gleicher Rechtsform und gleicher Arbeitnehmerzahl nur zur Setzung einer Zielvorgabe verpflichtet sein sollen.

II. Benachteiligung von Kandidaten

Weitere Ungleichbehandlungen von Personen eines Geschlechts könnten durch die feste Quotenregelung, aber auch die Pflicht zur Zielvorgabe verursacht werden.

Erstens wird ein Kandidat, der wegen der festen Geschlechterquote nicht in einen Aufsichtsrat einziehen kann, dadurch benachteiligt, dass er den Sitz trotz Entsendung bzw. Stimmmehrheit nicht erhalten kann, während ein Kandidat des anderen Geschlechts unter gleichen Voraussetzungen in den Aufsichtsrat einziehen könnte. Gleiches würde gelten, wenn nicht die feste, sondern eine von der Gesellschaft selbst

29

durch verpflichtende Zielvorgabe gesetzte Quote in einem Organ gelten würde.

Zweitens würde ein Kandidat für eine Entsendung in ein Gremium mit Bundesbeteiligung benachteiligt, wenn aufgrund der Geschlechterquote einem Kandidaten des anderen Geschlechts der Vorzug gewährt würde.

In beiden Fällen läge eine wesentliche Gleichheit vor. Wesentlich sind hier die Eigenschaften für die Entsendung in ein Organ oder Gremium, das heißt die Stimmmehrheit bei einer Wahl bzw. die in der Person des Bewerbers liegenden Eigenschaften, die bei der Entscheidung über die Entsendung relevant sind. Da in den Konstellationen diese Voraussetzungen für beide Kandidaten gleichermaßen gegeben wären, würden sie aufgrund ihres Geschlechtes ungleich behandelt.

Hierbei könnte es sich um eine verbotene Ungleichbehandlung aufgrund des Geschlechts nach Artikel 3 Absatz 3 1. Alternative Grundgesetz handeln. Dieser spezielle Gleichheitssatz ist hier aufgrund der Subsidiarität des allgemeinen Gleichheitssatzes einschlägig.

III. Rechtfertigung der Ungleichbehandlungen

Nach Rechtsprechung des Bundesverfassungsgerichts sind Ungleichbehandlungen aufgrund des Geschlechts nur statthaft, wenn sie aufgrund biologischer Probleme, was hier ausscheidet, erfolgt oder durch kollidierendes Verfassungsrecht gerechtfertigt ist, also ein legitimer Zweck von Verfassungsrang vorliegt[42]. Artikel 3 Absatz 2 Satz 2 Grundgesetz kann als solcher herangezogen werden, da dieser auch die Herstellung gleicher Erwerbschancen umfasst[43].

Zur Rechtfertigung der Ungleichbehandlung von Unternehmen ist ein legitimer Zweck (siehe oben) erforderlich.

In beiden Fällen ist nach dem Prinzip der Verhältnismäßigkeit zu prüfen, ob der Grund für die Ungleichbehandlung so schwerwiegend ist, dass er die Ungleichbehandlung rechtfertigt[44].

1. Unvereinbarkeit starrer Quoten mit Art. 3 Abs. 2 Satz 2 GG

Hinsichtlich der starren Quotenregelungen, sowohl für Gremien des Bundes als auch für die Privatwirtschaft, muss grundsätzlich eine Rechtfertigung verneint werden. Eine teleologische Auslegung des Art. 3 Abs. 2 Satz 2 GG ergibt, dass unter den Begriff der *tatsächlichen Gleichberechtigung* keine

---

[42] Papier/Heidebach in DVBl 2015, 126 Abschn. b); DAV-SN 52-2014, S. 27ff
[43] BT-Drs. 12/6000, S. 50
[44] BVerfG, BVerfGE 87, 1 Rn 124; 95, 143 Rn 44

Quote fallen kann, die eher eine „Geschlechterparität um ihrer selbst willen[45]" bezweckt.

Da hier Qualifikation und Leistung außer Acht bleiben und folglich eine reine Aufteilung nach dem Geschlecht erfolgt, lässt sich dies nicht mit dem Begriff der *tatsächlichen Gleichberechtigung* vereinbaren. Gemeint ist hier die Schaffung *gleicher Chancen* für Mann und Frau, bei *gleichen persönlichen Voraussetzungen* in allen Lebensbereichen die gleichen Möglichkeiten zur freien Entfaltung der Persönlichkeit – hier zur Ergreifung von Erwerbschancen – ergreifen zu können. Dieser Grundsatz *gleiche Chancen bei gleichen Voraussetzungen* wird durch eine Quotenregelung nur dann erfüllt, wenn die Regelung ausdrücklich auf die Qualifikation der Kandidaten abstellt. Der Gesetzgeber hat zudem bei der Einführung des zweiten Satzes eine starre Quote generell ausgeschlossen[46].

Die Tatsache, dass in den avisieren Quotenregelungen Männer und Frauen gleichermaßen genannt werden, dürfte hier unerheblich sein, da die Wirkung für den Einzelfall gleich wäre. Zudem würde in jedem einzelnen Sachverhalt mit Ungleichverteilung der Geschlechter jeweils eine der Alternati-

---

[45] Papier/Heidebach in DVBl 2015, 129 Abschn. (cc)
[46] BT-Drs. 12/6000, S. 50

ven einschlägig sein und somit wie eine einseitige Quote gelten. Der Gesetzgeber hat sich bei der Entscheidung, starre Quoten nicht unter Art. 3 Abs. 2 Satz 2 GG zu fassen, zudem nicht auf Quoten für nur ein Geschlecht beschränkt[47].

Demnach ließen sich die starren Quotenregelungen nicht unter die Staatszielbestimmung des Art. 3 Abs. 2 GG subsumieren, weshalb hier kein geeigneter Rechtfertigungsgrund vorläge.

Eben aufgrund der geschlechtsneutralen Formulierung die Regelung könnte diese nach anderer Ansicht nicht unter das Verbot starrer Quoten zu fassen sei. Eine ähnliche Regelung für die Besetzung von Betriebsräten wurde vom Bundesarbeitsgericht für verfassungsmäßig erklärt, da diese eine Schaffung tatsächlich gleicher Zugangsvoraussetzungen bezwecke und daher mit Art. 3 Abs. 2 Satz 2 GG vereinbar sei[48].

Fraglich ist jedoch, ob im Sinne dieser Entscheidung ein Betriebsrat mit einem Aufsichtsrat vergleichbar ist, da Aufsichtsräte einen gänzlich anderen Zweck haben, kleiner sind und andere Personengruppen repräsentieren.

Da jedoch der Gesetzgeber das Verbot starrer Quoten nicht weiter relativiert hat, letztlich die Wirkung im Einzelfalle

---

[47] BT-Drs. 12/6000, S. 50
[48] BAG, Beschluss v. 16.03.2005; DAV-SN 52-2014, S. 28ff m.w.N.

gleich wäre und zudem das Argument des bezweckten eindeutigen Zusammenhangs zwischen Gleichheit der Voraussetzungen und Chancen überwiegt, scheint das Verbot hier einschlägig. Als Folge würde auch eine Ungleichbehandlung von Kandidaten des Geschlechts wegen (siehe D.II.) einen Verstoß gegen den speziellen Gleichheitssatz des Art. 3 Abs. 3 1. Alt. GG darstellen, insoweit wären die Gesetzesentwürfe und die Benachteiligung eines Kandidaten auf deren Grundlage verfassungswidrig. Behelfsweise wird bezüglich der ausstehenden Verhältnismäßigkeitsprüfung auf die nachfolgenden Abschnitte verwiesen.

2. Geeignetheit und Erforderlichkeit

Dass die Gesetzesentwürfe geeignet sind, den Anteil von Frauen in Führungspositionen zu erhöhen, steht außer Frage. Gerade wegen der gering geschätzten Auswirkungen[49] auf die Unterrepräsentation von Frauen ist es jedoch fraglich, ob nicht Maßnahmen der aktiven Förderung von Frauen zweckmäßiger wären als die avisierten Regelungen. In den letzten Jahren ist der Anteil von Frauen in Führungspositionen insgesamt, wenn auch nur langsam, stetig angewachsen[50]. Da in den letzten Jahren viele größere Maßnahmen im Rahmen der

---

[49] BT-Drs. 18/3784, S. 47
[50] Holst/Kirsch 2015, S. 46ff, Vergleichszeitraum: 2006 – 2014

Frauenförderung umgesetzt wurden, indiziert dies auch, dass besonders in Führungspositionen Fördermaßnahmen nicht ausreichen.

Die Vorgabe eines Verhaltenskodex wurde durch den Deutschen Corporate Governance Kodex bereits umgesetzt (Art. 5.1.2 DCGK)[51], blieb aber bis dato eher erfolglos[52]. Insgesamt sind gleich geeignete, mildere Maßnahmen daher nicht zu erkennen.

3. Angemessenheit

Im Rahmen der Angemessenheit ist das Maß der Ungleichbehandlung der Bedeutung des Normziels gegenüberzustellen. Die Gleichbehandlung von Mann und Frau ist Teil des Wertesystems des Grundgesetzes und gilt als allgemeines rechtsstaatliches Prinzip[53] sowie als Staatsziel (Art. 3 Abs. 2 Satz 2 GG).

Hierdurch ist dem daraus abgeleiteten Zweck der Förderung von Frauen in Führungspositionen von Natur aus eine relativ hohe Bedeutung zuzumessen.

---

[51] Richtlinien mit Informations-/Idealbildcharakter; keine Gesetzeswirkung
[52] BT-Drs. 18/3784, S. 1
[53] Kannegießer in Schmidt-Bleibtreu et al., Art. 3 Rn 3, 7

Fakt ist auch, dass der Anteil von Frauen in oberen Führungsebenen in den größten Unternehmen Deutschlands besonders gering ist; es ist auch festzustellen, dass der Anteil weiblicher Führungskräfte im Durchschnitt mit wachsender Unternehmensgröße sinkt[54]. Es liegt also eine tatsächliche Unterrepräsentation von Frauen vor, weshalb ein dringender Handlungsbedarf gegeben ist. Auch zeigt die bisher geringe Steigerung des Frauenanteils, dass bisherige Fördermaßnahmen nicht ausreichen.

Man könnte hier anführen, dass die Entwürfe beide Geschlechter gleichermaßen berücksichtigen. Im Einzelfall hätte dieses Argument allerdings kaum eine Bedeutung, es schwächt lediglich den Einwurf, dass eine direkte Bevorzugung eines Geschlechts bezweckt würde. Im Ergebnis wirkt die Regelung im Einzelfall jedoch genau wie eine reine Frauen- oder Männerquote.

Problematisch ist allerdings bei der festen Quotenregelung für die Privatwirtschaft zunächst, dass nur eine geringe Anzahl von ca. 108 Unternehmen betroffen ist[55]. Auch Unternehmen mit nahezu identischen wesentlichen Merkmalen blieben außer Acht. Daher hätte die gesetzliche Regelung nur

---

[54] Bürgel 2012; BT-Drs. 18/3784, S. 44
[55] a.a.O., S. 43

eine marginale Auswirkung; so sieht etwa Caren Lay (Fraktion Die Linke im Bundestag) hier nur eine Zahl von etwa 180 Aufsichtsratsplätzen betroffen [56]. Zudem bestehen keine Möglichkeiten, die Geschlechterquote zwangsweise durchzusetzen oder einen Verstoß zu ahnden; ein Verstoß bliebe ohne Konsequenz für die Gesellschaft. Der erwartungsgemäß geringe Erfolg für die Gleichberechtigung würde hier für ein grobes Missverhältnis zu den Belastungen für die Gesellschaften und das Maß der Zielerreichung sprechen.

Die feste Quotenregelung für die Privatwirtschaft würde auch die Funktionalität des Aufsichtsrates gefährden, da bei leer bleibenden Sitzen insbesondere ein Missverhältnis der Stimmen zwischen Arbeitnehmer- und Anteilseignerbank bestehen kann, zudem ist eine Nachbesetzung oder Nachwahl aufwändig.

Es ist letztlich zu berücksichtigen, dass der Aufsichtsrat ein dem demokratischen Grundprinzip unterliegendes Mitbestimmungsorgan ist. Eine Quotenregelung greift hier in das Wahlrecht und somit auch in das Mitbestimmungsrecht eines jeden Wahlberechtigten ein. Auch betroffen wäre hier das passive Wahlrecht des einzelnen Kandidaten.

---

[56] Lay, Caren in Plenarprotokoll 18/83, S. 7916, Abschn. (D)

Besonders schwerwiegend ist hier allerdings, dass bei einer direkten Gegenüberstellung von Unternehmen der Gruppen 1 und 2 (siehe D.I.) das einzige Unterscheidungsmerkmal in einigen Fällen die Börsennotation ist. Aktuelle Studien belegen zudem, dass unter den größten deutschen Gesellschaften gerade die DAX-Unternehmen durchschnittlich den höchsten Anteil in Führungspositionen haben[57]. Eine Kongruenz und Kausalität zwischen Börsennotation und Frauenanteil in Führungspositionen kann daher nicht hergestellt werden.

Hier allein auf die Börsennotation abzustellen und die großen Unternehmen mit gleichen Voraussetzungen außer Acht zu lassen, erscheint hier grob unverhältnismäßig, insbesondere ist eine teilweise Verfehlung des Normziels anzunehmen.

Bezüglich der Wirksamkeit verhält es sich bei der Pflicht zur Zielvorgabe ähnlich, zu beachten ist vor allem der große Handlungsspielraum der Gesellschaften, da nur der Status Quo als Mindestquote dient. Allerdings wären aus gleichem Grunde auch die Regelungen für die betroffenen Gesellschaften milder.

Dadurch, dass die Gesellschaft die tatsächlich geltende Quote selbst festlegt, sind Selbstbestimmungsbelange hier

---

[57] Holst/Kirsch 2015, S. 46ff, Stand: 2014

nicht bzw. nur marginal betroffen. Auch werden hier alle Gesellschaften und alle oberen Führungsebenen genannt, weshalb ein deutlich höherer Nutzen zu erwarten wäre, auch wenn die Regelung einen enormen Handlungsspielraum lässt. Sie würde zumindest verhindern, dass der Anteil von Frauen in oberen Führungsebenen absinkt.

Zusätzlich gegen die Regelungen spricht, dass die Geschlechterverteilung innerhalb der Arbeitnehmerschaft außer Acht bleibt. Hier könnten nicht nur organisatorische Probleme entstehen, die Gefahr, einen weniger qualifizierten Kandidaten gezwungenermaßen zu berücksichtigen, ist deutlich größer. Außerdem könnte es dem Willen der Arbeitnehmerschaft widersprechen, wenn die Geschlechterverteilung unter ihren Repräsentanten stark von der in der eigenen Arbeitnehmerschaft abweicht.

Ein benachteiligter Kandidat könnte sich letztlich auf sein subjektiv-öffentliches Recht aus Art. 3 Abs. 3 1. Alt. GG auf Unterlassung ungleicher Behandlung berufen[58]; das jeweils überrepräsentierte Geschlecht würde hier als Gruppe benachteiligt. Hier würde es zudem zu einer Kollision von Verfassungsrecht (Art. 3 Abs. 3 1. Alt. vs. Abs. 2 Satz 2 GG) kommen, welche durch einen schonenden Ausgleich, welcher die

---

58 Kannegießer in Schmidt-Bleibtreu et al., Art. 3 Rn 4

Geltungskraft beider Verfassungsgrundsätze bestmöglich wahren soll, aufgelöst werden müsste (praktische Konkordanz)[59]. Eine starre Quote ohne weitere Bedingungen wäre hiermit unvereinbar[60], ähnlich hierzu ist auch mit vergleichbarer Begründung eine starre Quote bei der Ernennung von Beamten im Spannungsfeld von Art. 3 Abs. 2 Satz 2 und Artikel 33 Absatz 2 (Ernennungskriterien) GG unzulässig[61].

IV. Ergebnis

Im Ergebnis lässt sich feststellen, dass die Ungleichbehandlung eines Kandidaten aufgrund seines Geschlechts verfassungswidrig ist. Sofern nicht schon das Verbot starrer Quoten (siehe D.III.1.) einschlägig ist, ist festzustellen, dass der Kandidat hier unangemessen benachteiligt würde. Die reine Quotenvorgabe ohne Berücksichtigung von Qualifikation und Geschlechterverteilung in der Arbeitnehmerschaft kann hier nicht durch den Zweck der Norm gerechtfertigt werden, insbesondere da von einem äußerst geringen Zielerreichungsgrad auszugehen ist. Auch bei einer von der Gesellschaft selbst gesetzten Quote dürfte es sich nicht anders verhalten,

---

[59] BVerfG in NVwZ 1997, 54f; Papier/Heidebach in DVBl 2015, 131 Abschn. (2)
[60] Papier/Heidebach in DVBl 2015, 126ff insbes. 129 Abschn. (cc); Rademacher 2004, S. 87
[61] a.a.O.; BVerfG in NVwZ 2008, 69 Rn 70; Pfarr/Fuchskoch in NJW 1988, 2201

da sie für den Betroffenen gleich wirkt und insbesondere auch hier genannte zusätzliche Kriterien unbeachtet bleiben.

Auch die Ungleichbehandlung von Unternehmen ist in der vorliegenden Form nicht mit dem allgemeinen Gleichheitssatz vereinbar. Insbesondere die Tatsache, dass in Einzelfällen allein die Börsennotation für die Geltung der starren Quote entscheidend ist, lässt hier kaum eine andere Ansicht zu. In Einzelfällen könnte sogar ein Verstoß gegen das Willkürverbot vorliegen, da sich ein sachlicher Zusammenhang zwischen der Börsennotation und dem Frauenanteil in Führungspositionen nicht herleiten lässt.

Auch hier kommt erschwerend hinzu, dass die starre Quote keine Rücksicht auf Qualifikation der Kandidaten oder die Geschlechterverteilung in der Gruppe nimmt, die den Kandidaten entsendet. Eine derartige Ungleichbehandlung börsennotierter großer Unternehmen gegenüber wesentlich gleichen nicht börsennotierten Unternehmen lässt sich durch das Fördergebot nicht rechtfertigen.

E. Fazit und Ausblick

Die Prüfung zeigt, dass eine starre Quote sich zumindest am Rande der Verfassungsmäßigkeit bewegt, wenn sie nicht gar grundsätzlich verboten ist. Jedenfalls ist absehbar, dass aufgrund unterschiedlicher Ansichten hier ein großes Potential für langwierige Prozesse liegt.

Bei Quotenregelungen sollte daher grundsätzlich nicht nur das Geschlecht, sondern auch die Qualifikation maßgeblich sein. Hierdurch würde eine eindeutige Analogie zu bereits gerichtserprobten (immanenten) Quotenregelungen des öffentlichen Dienstes hergestellt, zudem wäre hier die Einschlägigkeit des Art. 3 Abs. 2 Satz 2 GG eindeutig. Dass eine Quotenregelung, auch eine Frauenquote, mit Leistungsbezug verfassungsgemäß ist, ist in Literatur und Rechtsprechung ausreichend belegt[62].

Auch muss beachtet werden, dass eine Ungleichbehandlung der betroffenen Gesellschaften, Organe oder Organisationen möglichst gering gehalten wird und, vor allem, dass hier klare Abgrenzungen vorgenommen werden, welche möglichst abstrakt sind und auf eindeutigen statistischen Auswertungen beruhen. Bei einer Abgrenzung beispielsweise nach der Unternehmensgröße oder Mitarbeiterzahl wäre eine Kongruenz

---

[62] Papier/Heidebach in DVBl 2015, 126ff insbes. 129 Abschn. (ee) und 2. m.W.n.

eindeutig herleitbar. In einem solchen Falle würde auch die Verhältnismäßigkeit der Quote bejaht werden, da hier durch die deutlich höhere Zielerreichung und die objektivere und faktenbasierte Begründung eine Abwägung zugunsten des Förderungsgebotes ausfallen müsste.

Wichtig ist zudem bei Quotenregelungen für Führungsebenen eine Verbindung zur Geschlechterverteilung in der Arbeitnehmerschaft. Die Arbeitnehmerschaft würde so jedenfalls verhältnisgerecht repräsentiert; außerdem kann eine Quotenregelung für die Führungskräfte die Geschlechterverteilung der Arbeitnehmerschaft kaum beeinflussen.

Ein weiteres wichtiges Kriterium hat der Gesetzgeber allerdings in seinem Gesetzesentwurf umgesetzt: die geschlechtsneutrale Formulierung, d.h. die gleichzeitige Schaffung von Quoten für Frauen und Männer. Die politische Erwägung, dass eine solche Quote vermutlich stärker akzeptiert würde, ist hier nur ein Argument. Es gibt zudem zahlreiche Unternehmen, bei denen besonders in unteren Organisationsstufen auch Frauen überwiegen – man nehme das Beispiel der Hebamme bzw. des Geburtshelfers, wo sich die Anzahl männlicher Berufspraktiker unterhalb der fünf bewegt. Auch würde der Einzelfall, in dem in einem bestimmten Bereich bzw. Organ überraschenderweise der Frauenanteil deutlich überwiegt, durch eine solche Regelung abgedeckt, was auch dessen Potential für politische wie juristische Debatten und Angriffe mildern würde.

Letztlich ist, auch aus vorhergehenden Grundsätzen, ersichtlich, dass eine Quotenregelung möglichst umfassend ausgestaltet sein bzw. einen abgrenzbaren Bereich (*alle* oberen Führungspositionen, *alle* Arbeitnehmer einer *gesamten* Branche) voll auskleiden sollte. So ist es im Einzelfall für eine benachteiligte Person schwieriger, sich erfolgreich auf das Benachteiligungsgebot zu berufen, da eine größere Gruppe von Menschen gleichzeitig bevorzugt würde. Zudem wäre das Maß der Zielerreichung deutlich höher, was den rechtfertigenden Grund deutlich überwiegen lassen würde.

Folglich sei der Gesetzgeber dazu angehalten, auf weiterreichende Quotenregelungen hinzuwirken, dabei allerdings auf sachlich-abstrakte und durch Fakten begründbare Grenzen der Anwendbarkeit zu achten sowie einen eindeutigen Leistungsbezug herzustellen. Eine solche Regelung wäre nicht nur gerichtsfest, sondern auch als einzige tatsächlich geeignet, die Ungleichbehandlung der Frau im Berufsalltag zu bekämpfen, denn diese ist nicht auf bestimmte Unternehmen oder bestimmte Gremien begrenzt.

Quotenregelungen allein können jedoch nicht das alleinige Mittel zur Umsetzung der Gleichberechtigung sein. Der bereits in Elternhaus, Kindergarten und Grundschule beginnenden Rollenzwang, nicht zuletzt transportiert durch veraltete soziale Muster in Medien und Konsum, immer noch bestehende faktische Benachteiligungen sowie die Unvereinbarkeit von Familie und Beruf stellen noch immer unerträgliche Hindernisse dar. Eine Quote bekämpft hier allenfalls die Symptome und nicht die Ursache.

Nur ein Katalog effektiver Maßnahmen in mehreren Lebensbereichen ist tatsächlich geeignet, das Ziel einer Gleichberechtigung von Frau und Mann zu erreichen.